Und sie träumt
mit offenen Augen

Lisa Schregle

Lisa Schregle

Und sie träumt mit offenen Augen

Lyrik

Impressum

Bibliografische Information der Deutschen Nationalbibliothek:
Die Deutsche Nationalbibliothek verzeichnet diese Publikation in der Deutschen Nationalbibliografie; detaillierte bibliografische Daten sind im Internet über http://dnb.dnb.de abrufbar.

© 2019 Lisa Schregle

Herstellung und Verlag: BoD – Books on Demand, Norderstedt

ISBN: 9783748151272

INHALTSVERZEICHNIS

EINS

Ich bin ein Baum.
Mit den Füßen fest am Boden,
berühren meine Hände den Himmel und
während ich mich meinen
Träumereien hingebe,
sorgen meine Wurzeln dafür, dass
ich niemals den Bezug zur Wirklichkeit verlier'.
Ich bin stark – so stark, dass ich auch andere
halten kann.
Und ich habe genug Kraft, selbst
im stärksten Orkan aufrecht zu stehen.
Denn ich bin ein Baum.
Aber eigentlich – bin ich ein Mensch!

ZWEI

Hätte ich einen Rausch, ich
würde Grenzen brechen und Mauern
überschreiten und Steine.
Ich wünschte, ich könnte, ich wollte – wenn,
doch ein Leben im Konjunktiv ist nicht.

Nicht für dich, nicht für mich, denn
auch, wenn man es nicht meint –
ich bin Realist.
Und was man zu sehr berührt, bricht.
Dabei will nicht immer ich es sein, die spricht.

Halt' mich, lass'
mich deine Feder sein,
vergiss mein Gewicht und
die Erdanziehungskraft –
für einen Augenblick.

DREI

Das Meer trägt
meine Gedanken Richtung Süden
wie gefüllte Zuckerwattewolken im Wind und
ich atme, Zug um Zug,

irgendwo am Straßenrand, wartend
auf morgen, auf den Tag, an
dem wir anfangen, es zu wagen.
Denn das Leben ist ein One-Way-Ticket

und die Richtung bestimmen wir selbst.

VIER

Wir atmen Nachtluft, Sommer,
die Brandung trägt
unsere Hoffnungen übers Meer
und wer weiß, was
du gesagt hättest, wenn du wüsstest,
was wir wissen.

Das mit diesem Leben
und den zerstörten Träumen.
Hinterm Barhocker ausgedrückte Kippen
zeugen von Nächten zwischen Asphalt und
Absprung.
Sentimentale Prioritäten trifft
man nicht mehr nüchtern.

Ich halte dein Glas zwischen
zwei Fingern, halte
mich fest am gläsernen Dasein als
glanzloser Mittelpunkt
deines Geschehens.
Aber ich kann dich nicht mehr verstehen.

Meine Worte ertrinken in Weißwein,
drehen sich im Kreis zwischen den Polestangen.

Eigentlich hab ich mit dem Ganzen nichts zu
tun, bin nur ein Mädchen, das
Nacht für Nacht an den Mauern dieser Stadt
nach dem passenden Schatten sucht.

FÜNF

Ich wanke über alte Bretter, kann
mich kaum mehr halten, jeder
Atemzug verdunstet im Herbstnebel, an
deinen Wimpern hängen Tautropfen.

Wenn ich könnte, würde ich,
doch frei sein war immer nur ein Traum von uns,
während wir, zwischen den Betonbauten
schreiend,
Tag für Tag mehr Antrieb verlieren.

Erschlafft bleiben wir zurück,
suchen nach Gründen und Ursachen und
finden nur leere Plastikflaschen, zerknülltes
Alufolienbutterbrotpapier.

Was weißt denn du schon davon?

SECHS

Lass uns tanzen, wir
hängen senkrecht
zwischen den Fäden wie
Marionetten, unfähig,
unwillig, uns zu bewegen, verharren
still zwischen applaudierenden Mengen,
emotionslose Fratzen hinter
lachenden Masken mit
künstlichen Wimpern, klimpern, ein
Ausdruck von Freude auf
den geöffneten Lippen, bereit
für Liebe, Leben, Verwegenheit, wir
kriegen Geld dafür, zehn Euro die Stunde.
Dann sind wir reich, wenn
wir uns fallen lassen zwischen den
Schranken.
Irgendwer wird uns schon auffangen, wird
die Fassade wahren.

Doch was macht ein Clown, dem sie die
Maske klau'n?

Das Meer war noch nie so weit weg,
Hochnebel versperrt die Weitsicht-
bis dahin verharren wir blind
und angeschnallt auf den Rücksitzen.
Verfehlte Autobahnausfahrten
zeugen von verpassten Chancen,
die wir niemals hatten,
auch nicht letzten Sommer.

Ich wäre gerne schwerelos
und frei zwischen den Leitplanken.

ACHT

Dein Körper im Neonlicht,
erhellt von Gedankenblitzen,
fühlt sich deine Hand an wie Feuer-
und wir baden im Flammenmeer.
Kein Blick auf den leeren Asphalt nebenan,
bleiben wir nur stehen,
zwischen den Randplätzen sitzen
und suchen eine Aussicht, einen
neuen Horizont.

NEUN

Verloren zwischen
den Bandbreiten hast du
die Seiten gewechselt und
siehst mich an,
mit einem Grauschleier vor den
Augen oder waren es Tränen?
Ausstehende Antworten verbleiben stumm,
in stillschweigender Monotonie
baden wir manchmal,
während Grauzellen symbiontisch
verschmelzen zwischen den Temporallappen.
Ich habe gewusst, dass es
nicht leicht wird,
dich vom Gegenteil zu überzeugen.

ZEHN

Mondnächte machen müde.
Musik malt melancholische Muster,
magere Mädchen murren.
Mutlosigkeit, Mauern.

Meeresrauschen.
Modernere Melodien.
Muntere Männchen multiplizieren
Möglichkeiten,
Morgendunst.

Mutige Menschen möchten mehr.
Mehr Macht, mehr magische Momente.
Millionen machen Mundpropaganda.
Mittagssonne.

Manchmal muss man mich mobilisieren,
meine Mutter macht mir Mut.
Manche müssen mehr.
Manchmal mach ich meiner Mutter Mut.

ELF

Wir werden weiß,
wenn Wärme Wonne weckt.
Wir werden wach,
wenn Worte Wege widerspiegeln,
welche wir wussten, wir weigerten.

Wunder wagten wir wenig,
wollten wieder Wahrheit, wollten
Wirkung,
wollten wissen, wo wir wären, wenn.
Wussten, warum.
Wahnsinn.

Wer will was?
Wahre Wirklichkeiten wispern
warme Worte westwärts.
Wind weht welche wieder
weiter weg.

Wir wollen weiter,
wollen Wege wählen,
welche wir wandern.
Worauf warten wir?
Wendepunkt.

ZWÖLF

Ein Lufthauch aus deinem Mund, du
hast die Lippen leicht geöffnet, pustest
Rauch in die Winternacht,
deine Lungenflügel beben.

Niemand hat gesagt, dass es leicht wird,
auf den regennassen Straßen
zwischen Grasbüschel und Kieselsteinen
das Gleichgewicht zu halten.

Doch wir standen nie still,
immer intakt im Takt unserer Pulse,
immer mit Rückenwind voraus,
ansonsten war da nichts.

Und manchmal
ringen wir heute noch nach Luft

DREIZEHN

Ich glaube, dass es so etwas gibt,
so etwas wie Magie, wie
eine Zauberkraft, ein Licht,
das über all dem liegt.

Ich glaube, dass es so etwas gibt,
so etwas wie Liebe, wie
ein Glücksgefühl, eine Botschaft,
die immer zwischen den Zeilen
geschrieben steht.

Ich glaube, dass es so etwas gibt,
so etwas wie Vertrauen, wie
ein felsenfestes Versprechen, eine
Zuversicht,
die man empfindet, wenn man liebt.

VIERZEHN

Dear Big City Life,
du hast mir Disneyland versprochen, doch
dann standen wir irgendwo auf grauem
Asphalt zwischen
Wolkenkratzern und Hochhäusern, mitten
in einer fremden Stadt,
überrannt von Menschenmassen,
die wir nicht erkannten
und wollten uns treiben lassen,
mitreißen von der Menge,
doch ich entglitt deinen Händen und verlor
mich erneut,
blieb wieder allein zurück und
im Kopf nur die Angst zu ertrinken.

FÜNFZEHN

Stille, Schweigen.
Sonnenstrahlen schicken Sommergefühle.
Seetang schwimmt südwärts.
Septembermorgen.

Spiegelbilder sind selten schön,
schließlich sind sie subjektiv.
Scheinhorizonte schillern silbern.
Sehnsucht.

Strandspaziergänge, Seelenruhe.
Sternenklare Septembernächte,
schmeichelnde Sinnfragen.
Schlaflosigkeit.

SECHZEHN

Ecken auf Kanten, auf Silberstreifen,
auf Segel, auf Wasser, auf
Horizontalebene weißt du nichts,
weder Ebbe, noch Flut.

Handlungsschwanger warten wir
auf morgen, auf
den Tag danach, aber
eigentlich verzeihen wir nichts.

Vertikal stehen wir aufeinandergereiht,
verbreiten Zinnsoldatenfestigkeit
und es bleibt, zwischen Kieselsteinen und
Miesmuscheln,
nur ein kleines Stückchen Sommer.

SIEBZEHN

Das bin nicht ich, das
sieht nur so aus, vielleicht
ein bisschen, ein
bisschen zu viel von
mir und du mischst kräftige Farben ins Bild.

Das bist nicht du, das
sieht nur so aus, vielleicht
ein bisschen zu wenig, zu
wenig Mascara auf den Wimpern
und mehr Wahrheit im Licht.

Das sind nicht wir, das
sind wir nie gewesen, denn
unsere Pupillen sind weit, viel
zu weit für eure beschränkte Sicht und
ich bin erneut desillusioniert.

ACHTZEHN

Zigarettenkippen, in Papier gewickelt,
in Feuer entfacht und ausgedrückt.
Asche, Staub und Wollsocken von
vorgestern,
Weingläser in Reih und Glied im
Wandschrank.

Das Leben ist nicht so
und wir haben längst aufgehört zu fragen,
längst aufgehört zu denken
und existieren willenlos, monoton im
Rhythmus der Wanduhr.

Flüsternde Stimmen, Mitternacht vorbei.
Wir haben zu viel gesehen, um nichts zu
tun,
wir sind nicht alleine zwischen den
Buchseiten
und in deinen Augen spiegelt sich das
Mondlicht wider.

Zwischen Staub und Asphalt überlege ich.
Zwischen Staub und Asphalt überlebe ich.

NEUNZEHN

Zurück zum Zentrum.
Zeitnah.
Zusammengebissene Zähne,
Zeugen zurückliegender Zeiten.

Zuerst zeigten Zugführer zukünftige Ziele,
zermürbende Zukunftsaussichten.
Zerrissene Zellen zählen zerbrochene
Zustände.
Zaubersprüche.

Zunächst
zeigen Zurückgelassene zahlreiche Zutaten
zur Zubereitung
zahmer Zweisamkeit.
Zusammenhalt.

Zwischen zwei Zeilen
zwitschern zugelaufene Zugvögel zensierte
Zahlenreihen.
Zueinander, zentriert.
Zwiespalt.

ZWANZIG

Sekundentakt, schlag!
Minuten verklingen
zwischen Himmel und Nacht-
ein Augenblick.

Die Gläser, sie klingen,
irgendwer lacht.
Wir könnten's weit bringen,
wenn's jemand macht.

Dämmerung über der Stadt,
weder Tag, noch Nacht,
weder dunkel, noch hell,
weder langsam, noch schnell.

Blaue Stund' – Gold im Mund!
Irgendwo mittendrin
steh'n wir am Rand und
kriegen's nicht hin.

Vierundzwanzig Stunden blau,
vierundzwanzig Stunden gut.
Was wir brauchen, suchen wir:
Freiheit, Wein, ein bisschen Mut.

Für blaue Stunden lebe ich,
dazwischen geh' ich schlafen.
Was ich nicht kann, versuche ich,
wir müssen's einfach machen.

EINUNDZWANZIG

Geschwindigkeit steigern, LTE,
Filmriss, Zeitraffer,
Festhalten an Funkmasten,
atmen, leben, Luft schnappen.

Download im Sekundentakt,
Absatzklappern,
ausrutschen auf Linoleum,
hinfallen, aufstehen, weitergehen.

Datenvolumen aufbrauchen,
Gigabyte nachladen,
von Mast zu Mast hangeln,
auf der Autobahn landen.

Verlorengehen zwischen Straßengräben,
Rücklichtern nachschauen.
Der Anbieter wird gesucht,
Asphalt riecht nach Regen.

Kein Empfang hinter den Straßenschildern,
Pfützen reflektieren die Autolichter,
schlafen zwischen Funkwellen
und morgen dann 5G.

ZWEIUNDZWANZIG

Schritt für Schritt
aus der Dunkelheit,
zaghaft, zögernd
dem Licht entgegen,
das sich zwischen den Fensterscheiben
spiegelt.
Glas, aus dem wir nicht sind,
sagst du und ich
habe keine Angst mehr
nicht heute, nicht hier und
hoffentlich auch nicht morgen, denn
wir sind wie Samen, die sich langsam
Richtung Sonne bewegen,
in der Hoffnung,
eines Tages aufzublühen.
Und plötzlich wird es hell um uns.

DREIUNDZWANZIG

Und vielleicht zerstört die Flut heute die Felsen,
wird der Weg frei von den Steinen, mit
denen wir uns selbst blockieren.
Etwas in dir macht
diese Bilder in meinem Kopf und
ich weiß plötzlich,
dass wir alles schaffen können.

VIERUNDZWANZIG

Wir waren Winterwunder,

waren wahre Wonnekinder,
wir waren woanders,
wir waren weiß.

Wochenlang waren wir wiedergekehrt.
Willkommen, Wintermärchen,
wunderbare Winterzeit.
Willkommen, Wachskerzen, Weihnachtspunsch.

Wir waren Wächter weißglitzernder Wiesen,
weiße Weltbedecker, wollten
Weihnachtsstimmung wecken, wurden wohltuend
wahrgenommen.

Wir wurden Wasser,
waren weg.
Wir waren woanders -
wir werden wiederkommen.

FÜNFUNDZWANZIG

Das sind wir.
Fast acht Milliarden Individuen.
Im Rausch zwischen Roboterdasein und
Einzigartigkeit
will jeder alles besser können als sein Gegenüber,
mehr Geld
in den Händen halten und das größere Glück.
Doch was Glück ist, das wissen wir nicht.
Die, die nicht mehr dazugehören, sprühen nachts
Graffiti auf Bahnhöfe und in U-Bahnschachten,
vergessene
Worte als Zeichen fortgeschrittener Illusionen.
Da ziehen sie hin, die Träumer, in
Karawanen Richtung Süden.
Weil am Meer alles leichter ist, sagt man,
und der Asphalt nicht so staubig wie hier.
Eine bessere Welt wollen sie und Raum zum
Leben
und wachsen und weiterkommen -
auf ihrem Weg.

SECHSUNDZWANZIG

Deine Lippen schmecken nach Himbeereis, du
tastest dich langsam voran, Schritt für Schritt.
Zwischen den Lücken der Sommerwiese
hast du gelegen, geatmet, gelacht,
mit deinen Fingern Muster in den Sand
gezeichnet.
Wir wollten doch nur frei sein, wollten
Wattewölkchen zählen und Blumen.

Die Hitze brennt auf den Asphalt,
was bleibt, ist Staub und wir beide,
verloren zwischen dem Ghettoblaster und
Kopfhörern,
bewegen uns zu den Beats eines Songs,
den niemand mehr kennt.
Ich sag's dir, Freiheit –
das ist was anderes.

SIEBENUNDZWANZIG

Und vielleicht steckt in jedem von uns ein
Träumer,
der sich festhält an den letzten Muscheln,
die nach der Flut hinter den Strandkörben
ein neues Zuhause gefunden haben,
umarmt von leichtem Wind,
Salz und Tang auf den Lippen,
 den Geschichten lauschend, die
von Schiffen erzählen, weit
draußen auf dem Meer.
Vielleicht ist in uns allen diese Sehnsucht
nach Wellen und Weite und
nach einem Horizont,
der auf uns wartet,
 irgendwo dort hinter den Stürmen.

ACHTUNDZWANZIG

Da ist nichts weiter, nur Worte
verhallen zwischen den Fronten, halten
nicht an in den Gesichtern.
Bilder meiner Vergangenheit ziehen vorbei wie
eine Diashow.
Ich kann nicht anhalten, will nicht hinschauen.
Ein bisschen wie ein Filmriss ohne Alkohol, Raster,
ein bisschen Meer zwischen den Pausbacken
und deine Sommersprossen wachsen auch nicht
von allein.

Wir sollten anhalten, einen Sommer lang
nur gut sein zwischen den Sandbänken,
nur Sätze sagen, die wir so meinen,
aneinandergereihte
Buchstaben, zusammengesetzt zu Sinnfragen.
Nichts weiter hast du gesagt, nur gelacht
und mit den Fingern Muster auf das beschlagene
Glas gemalt.
Gestern regnete es noch, doch
vielleicht kommt morgen die Sonne durch.

Ich lasse deine Hand los, wende
mich aus deinem Blickfeld -
und beginne meinen eigenen Weg.

www.facebook.com/lisamariaart

www.lisa-schregle.de